BEI GRIN MACHT SICH IHR
WISSEN BEZAHLT

Bibliografische Information der Deutschen Nationalbibliothek:

Die Deutsche Bibliothek verzeichnet diese Publikation in der Deutschen National-
bibliografie; detaillierte bibliografische Daten sind im Internet über http://dnb.d-
nb.de/ abrufbar.

Impressum:

Copyright © 2017 GRIN Verlag
Druck und Bindung: Books on Demand GmbH, Norderstedt Germany
ISBN: 9783668643482

Dieses Buch bei GRIN:

https://www.grin.com/document/412943

Sascha Gronau

Fourierzerlegung anhand der Software MATLAB

GRIN Verlag

Sascha Gronau

AKAD Hochschule Stuttgart

18. Dezember 2017

Assignment

REG40 - Fourierzerlegung

Inhaltsverzeichnis

Abbildungsverzeichnis

1 Einleitung

1.1 Problemstellung

In diesem Assignment geht es um die Fourierzerlegung, welche anhand der Software MATLAB in Form von verschiedenen Aufgabenstellungen programmiert wird.

Es wird kompakt auf die Software MATLAB und ihre Funktionen eingegangen, indem die Fourier-Zerlegung eines Rechtecksignals, einer Dreieckfunktktion aus den Fourierkoeffizienten, sowie Spektrallinien berechnet bzw. programmiert und grafisch dargestellt werden.

Dabei wird auf das Problem eingegangen, wie viele Faktoren berücksichtigt werden müssen um ein genaues Ergebnis zu erhalten.

1.2 Ziel dieser Arbeit

Das Ziel dieser Arbeit ist es, darzustellen in wie weit sich die Fourierzerlegung berechnen lässt und wie das Hilfsmittel (MATLAB) dabei genutzt werden kann.

1.3 Aufbau der Arbeit

Kapitel 1 stellt die Einleitung dar. Im Kapitel 2 werden die Grundlagen in Form von Definitionen der Software MATLAB, der Fourier - Theorie, Fourierzerlegung, sowie der Approximationseigenschaften dargestellt. Anschließend wird im Kapitel 3 die Berechnung der Fourierzerlegung an verschiedenen Beispielen mit der Software MATLAB aufgeführt. Im Anschluss folgt im Kapitel 4 das Fazit.

2 Grundlagen

Innerhalb der Grundlagen wird die Software MATLAB kompakt erläutert und die Begriffe Fourier-Theorie, Fourierzerlegung sowie die Approximationseigenschaften definiert.

2.1 Definition der Software MATLAB

Die Software MATLAB[1] kombiniert eine Desktop-Umgebung für iterative Analysen und Entwicklungsprozesse mit einer Programmiersprache, dabei wird die Matrix-basierte Mathematik direkt formuliert[2]

Ursprünglich war die Software MATLAB ein Benutzerinterface für bestimmte Standardroutinen der numerischen Algebra (Eispack, Linpack, Lapack) basierend auf Vektor und Matrizenoperationen. Das erste Programmpaket ist 1984 auf dem Markt erschienen.

Heute ist MATLAB in erster Linie ein Softwarepaket zur numerischen Berechnung und Visualisierung in verschiedenen Ingenieurwissenschaften oder aber auch in der Mathematik. Zudem verfügt die Software über eine Hochsprache mit interaktiver Umgebung.

Ein weiterer Bereich der MATLAB Software ist die grafische Entwicklungsumgebung, welche mit dem Plug in Simulink unter anderem genutzt werden kann. Dieses ist wiederum mit verschiedenen Tools ausgestattet.[3]

Im folgenden werden einige dieser Tools genannt:

- Stateflow
- Simscape
- SimMechanics
- SimElectronics
- SimDriveline[4]

---

[1] MATLAB ist ein eingetragenes Handelszeichen von der Firma The Mathworks Inc.

[2] Vgl.The Mathworks, 2017, o. S.

[3] Pietruszka, 2014, S. 1

[4] Pietruszka, 2014, S. 1

Abschließend lässt sich noch hinzufügen, dass die Software in vielen Bereichen eingesetzt wird, sei es zu Lern- bzw. Ausbildungszwecken in verschiedenen Hochschulen wie zum Beispiel in der AKAD University oder aber auch in diversen Unternehmen.

2.2 Definition der Fourier-Theorie

Die Definition von Wolfgang Bachmann in dem Buch "Signalanalyse - Grundlagen und mathematische Verfahren definiert die Fourier Theorie sehr präzise.

Sie lautet:

Die Fourier-Theorie hat einen mathematischen und einen technischen Anwendungsbereich. Im mathematischen Bereich geht es um die Kunst, Fourier - Integrale auszuführen, Regeln für die Umkehrbarkeit der Fourier - Transformationen zu finden und allgemeine Funktionseigenschaften von Original- und Bildbereich zu verknüpfen.
Der technische Anwendungsbereich gründet sich auf den engen Zusammenhang von LTI - Konzept und Fourier Theorie . Hier liefert die Fourier - Theorie unter anderem Denkmodelle zum Verständnis von Signalen im Umfeld von LTI-Systemen.[5]

2.3 Definition der Fourierzerlegung

Innerhalb der Fourierzerlegung bzw. die Fourier-Transformation wird ein Signal mit einer Integraltransformation auf komplexe Exponentialschwingungen projiziert. Dabei ist bei dieser Exponentialschwingung die komplexe Frequenz rein imaginär d. h. es treten keine auf- oder abklingenden Schwingungen auf.[6]

---

[5] Bachmann, 1992, S. 30

[6] Vgl. Girod, Rabenstein, Stenger, 2003, S. 187, ff.

Abbildung 1:Formel der Fouriertransformation

$$X(j\omega) = \mathcal{F}\{x(t)\} = \int_{-\infty}^{\infty} x(t)e^{-j\omega t}dt$$

Das Transformationsergebnis $X(jw)$ bei der Fourierzerlegung bzw. -transformation nennt sich sich Fourier-transformierte, Fourier-Spektrum oder aber auch komplexes Amplitudenspektrum. Wohingegen die Exponentialschwingung e^{-jwt} als komplexe Zeitfunktion definiert ist. Abschließend sei noch die Frequenz gennant, welches als die reelle Variable w bezeichnet wird.[7]

Abschließend sei noch hinzugefügt, dass die Fourier-Transformierte nur für bestimmte Klassen von Signalen existiert.

2.4 Definition der Approximationseigenschaften
Als Approximation versteht man in der Mathematik eine Eigenschaft von Banachräumen (Vektorräumen), bei der die Approximation als eine Annäherung verstanden wird.
Das heißt, es werden mit gebotener mathematischer Strenge Phänomene untersucht, um zu prüfen in wie weit sie sich annähern lassen.[8]

[7] Vgl. Girod, Rabenstein, Stenger, 2003, S. 187, ff.

[8] Vgl. Walz, 2016, S. 89

3 Fourierzerlegung

Innerhalb des Kapitel 3 wird an verschiedenen Rechenbeispielen der Fourierzerlegung dargestellt und gleichzeitig gezeigt, welche Möglichkeiten die Software MATLAB bietet um diverse Ergebnisse bzw. Auswertungen zu erhalten.

Bei den verschiedenen Aufgaben handelt es sich um Vorgaben aus dem Assignment, welche mittels der Software gelöst werden.

3.1 Fourier-Zerlegung eines Rechtecksignals

Auf Grundlage der Aufgabenstellung (Aufgabe 1.1 des Assignment) soll ein M-File, welches imperativ mittels einer for-Schleife die Fourierzerlegung des periodischen Rechtecksignals darstellt programmiert werden.

Dabei gilt es folgende Parameter zu beachten:

- Impulshöhe a (Default: 1)
- Maximale Oberwelle fend (Default: 100)
- maximaler x - Wert xend (Default: 10)
- x-inkrement (Default: 0,01)

Des Weiteren soll das Programm auf unterschiedliche n, insbesondere auf n = 1, n = 5 und n = 100 getestet werden.

Abbildung 2: Ausgangsfunktion zur Aufgabe 1.1 aus der Aufgabenstellung

$$y = \frac{4a}{\pi}\left(\sin x + \frac{\sin 3x}{3} + \frac{\sin 5x}{5} + ...\right)$$

Im Folgenden ist das Ergebnis der ersten Aufgabe (Assignment; Aufgabenstellung 1.1 Fourierzerlegung eines Rechtecksignals) als Quellcode sowie als Grafik aus der Software MATLAB dargestellt.

Abbildung 3: Quellcodeauszug

```
>> a=1;
>> fend=input ('max Oberwelle, Default:100):')
max Oberwelle, Default:100):100

fend =

   100

>> xend=input('max x-wert, Default:10):')
max x-wert, Default:10):10

xend =

   10

>> xstep=0.01;
>> n1=1; n2=5; n3=100
```

Abbildung 4: Berechnung in Form des Quellcode

```
>> x=0:xstep:xend;
>> y1=zeros(1,length(x));
>> y2=zeros(1,length(x));
>> y3=zeros(1,length(x));
>> for n=1:n1
y1=y1+sin((2*n-1)*x)/(2*n-1); end
>> for n=1:n2
y2=y2+sin((2*n-1)*x)/(2*n-1); end
>> for n=1:n3
y3=y3+sin((2*n-1)*x)/(2*n-1); end
>> y1=(4*a/pi)*y1;
>> y2=(4*a/pi)*y2;
>> y3=(4*a/pi)*y3;
```

Abbildung 5 : Quellcode-Grafikausgabe anzeigen

```
>> plot(x,y1, x,y2, x,y3)
>> xlabel('x')
>> ylabel('y=f(x)')
>> grid on
```

Abbildung 6: grafische Darstellung

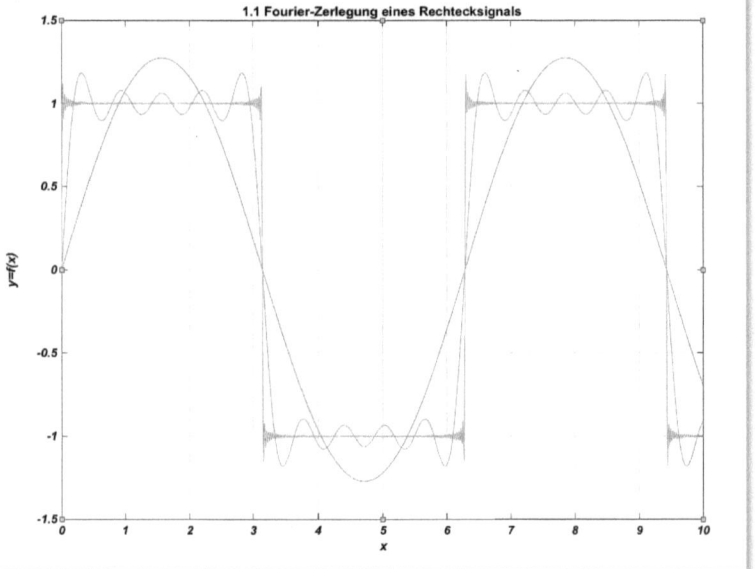

1.1 Fourier-Zerlegung eines Rechtecksignals

Anhand des Grafen in der Abbildung 6 erkennt man, dass es sich bei n = 1 (blau) um eine reine Sinusfunktion handelt. Des Weiteren zeigt die Abbildung deutlich, dass von den Werten n = 5 (hellgrün) bis hin zu n = 100 (orange) eine Rechteckfunktion sehr gut approximiert wurde.

Am Ende sei noch erwähnt, dass sämtliche Quellcodes aus dem Command Window der Software MATLAB aufgrund von Platzgründen in den Texteditor kopiert wurden um diese dann als Abbildungen in dieser Ausarbeitung wiederzugeben.

3.2 Berechnung einer Dreieckfuntktion aus den Fourierkoeffizienten

Die folgende Aufgabenstellung (Aufgabe 1.2 des Assignment) stellt eine Grafik dar, welche aus einem M-File analog zur vorherigen Aufgabenstellung aus dem Assignment programmiert wurde. Als Basis wird die unten aufgeführte Reihenentwicklung verwendet.

Abbildung 7: Formel für die Reihenentwicklung aus der Aufgabenstellung REG40

$$y = \frac{\pi}{2} - \frac{4}{\pi}\left(\cos x + \frac{\cos 3x}{3^2} + \frac{\cos 5x}{5^2} + \dots\right)$$

Abbildung 8: Fourierzerlegung des periodischen Dreiecksignals grafisch dargestellt

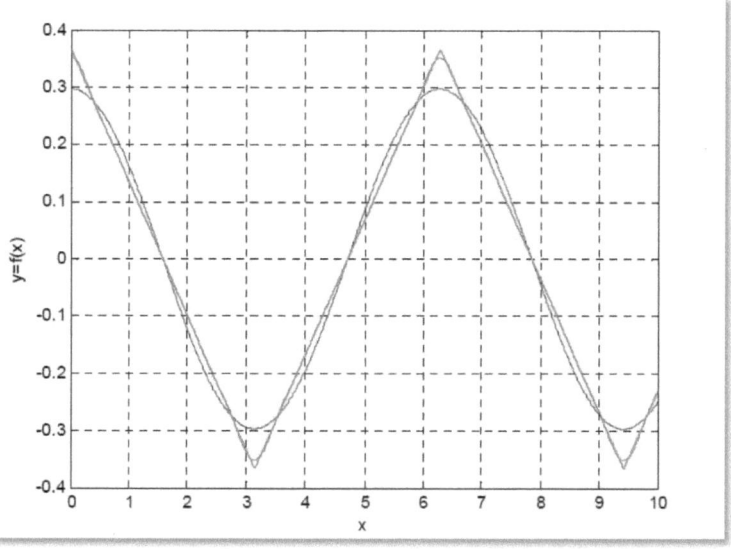

Die Abbildung 8 zeigt eine Fourier-transformierte, welche erkennen lässt, dass sich diese Rechteckfunktion stetig verhält im Vergleich zur vorherigen Ausgangsfunktion.

3.3 Berechnung der Spektrallinien

Innerhalb dieser Aufgabenstellung (Aufgabe 1.3 des Assignment) soll durch die Recherche von verschiedenen Quellen ein Weg gefunden werden um Spektrallinien mit MATLAB zu programmieren bzw. zu berechnen. Als Grundlage hierfür werden die Lernvideos von Daniel Jung, DevNami und Dario Arango verwendet. Dabei handelt es sich um drei Youtube-Channels, welche das Basiswissen im Umgang mit MATLAB und Fourier-Reihen in Form von verschiedenen Videos erörtern und darstellen.

Für die Aufgabe 3.3 werden folgende Eingabewerte verwendet *(numstep: (256 = 2^8; tstep: 0,05; Zeitvektor : 0tstep*1step (Absatzpunkte); Frequenz: 10 Hz; Amplitude A: 1)*[9]

Abbildung 09: Eingabewerte als Quellcode

```
>> tspep=0.005;
>> numstep=256;
>> t=0:tstep:(numstep-1)*tstep;
>> F=10;
>> A=1;
>> y=A*sin(2*pi*F*t);
```

Abbildung 10: Berechnung der FFT[10] in Form des Quellcode

```
>> y=fft(y);
>> y=(2*y)/length(y);
```

---

[9] Vgl. Thuselt/ Gennrich, 2013, S.294, ff.

[10] FFT = Fast fourier transform

Abbildung 11: Erzeugung des Frequenzvektors als Quellcode

```
>> Fs=(1/tstep);
>> Fmax=Fs/2;
>> Faxis_2side=Fmax*linspace(-1,1,numstep);
>> Faxis_1side=Fmax*linspace(0,1,numstep/2+1);
```

Abbildung 12: Abschnitt der grafischen Ausgabe. als Quellcode

```
>> subplot(3,1,1);plot(t,y);
>> grid on
>> subplot(3,1,2);plot(Faxis_2side,abs(fftshift(Y)));
>> grid on
>> subplot(3,1,3);plot(Faxis_1side,abs(Y(1:numstep/2+1)));
>> grid on
```

Abbildung 13: Grafische Darstellung der Spektrallinien

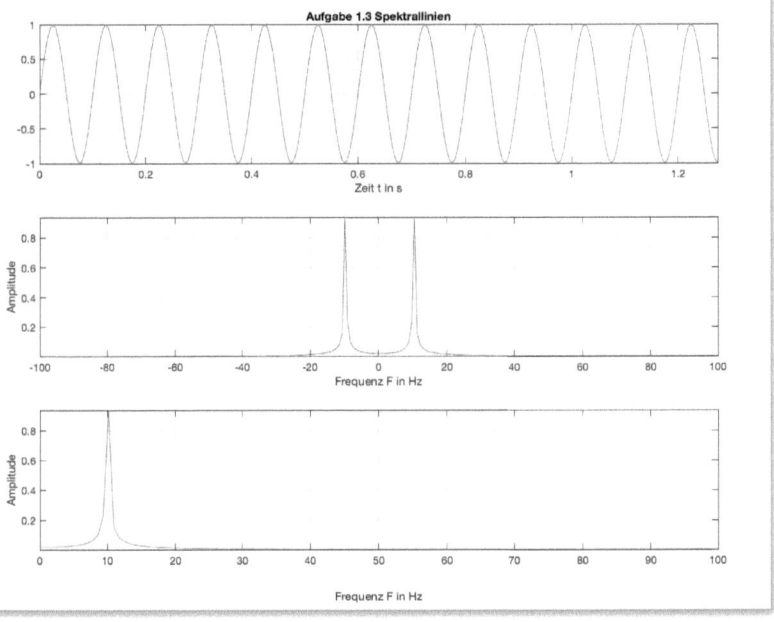

Die Abbildung 13 zeigt deutlich, dass bei einer Frequenz (F = 10 Hz) eine Spektrallinie mit der Amplitude (A = 1) aufzeigt. Dabei ist die Amplitude (A = 1) ein Wert, welcher vorher definiert wurde. Bei dieser Aufgabe wurde genauso wie bei der Aufgabe 1.1 aus Platzgründen der Quellcode aus MATLAB in den Texteditor kopiert um im Anschluss als Abbildung wiedergegeben werden zu können.

4 Fazit

Nachdem innerhalb dieser wissenschaftlichen Arbeit kompakt dargestellt wurde, welche Bedeutung die Fourierzerlegung hat und wie sich die Berechnungen in der Software MATLAB darstellen lässt, konnte an verschiedenen Abbildungen grafisch dargestellt werden in wie weit sich Signale verhalten und welche Eigenschaften diese aufweisen.

Kernaufgabe in diesem Assignment war neben einer kompakten Definition der Fourier-Theorie die Programmierung der Fourierzerlegung mit der Software MATLAB. Anhand der Aufgaben, welche durch die Aufgabenstellung der wissenschaftlichen Arbeit vorgegeben wurde konnte auf verschiedene Bereiche wie die „Fourierzerlegung eines Rechtecksignals" oder auch die Darstellung der Spektrallinen eingegangen werden.

Als Ergebnis lässt sich aufzeigen, dass durch eine intensive Beschäftigung mit der Software MATLAB und dem Grundlagenverständnis der Fourier-Theorie, sich die Ergebnisse sehr trivial herleiten lassen. Ausgangspunkt bei der Vorgehensweise war eine intensive Beschäftigung in Form von Trainings mit MATLAB, welche anhand von verschiedener Literartur und Youtube Videos erfolgte. Parallel wurde der Bereich der Fourier-Entwicklung kompakt in Form von Basiswissen analysiert und mithilfe der Software umgesetzt.

Daraus stellen sich die Ergebnisse aus den vorgegeben Aufgaben wie folgt dar...

- Aufgabe 1.1 zeigt auf, dass eine Approximation stattfindet bei der sich die Funktion immer mehr annhähert, diese Annäherung kann unendlich oft durchgeführt werden mit dem Ergebnis, dass sich die Funktion immer genauer darstellen lässt.
- Aufgabe 1.2 stellt dar, dass sich eine Funktion stetig verhält im Gegensatz zur vorherigen Rechteckfunktion
- Aufgabe 1.3 gibt den Verlauf der Spektrallinien grafisch wieder, welche zuvor mit MATLAB programmiert wurden

Die Quelltexte der verschiedenen M-Files wurden nach der Programmierung aus Gründen der Übersichtlichkeit und des Platzes in die Software Texteditor kopiert und als Abbildung segmentweise dargstellt. Dabei wurde wie aus der Aufgabenstellung vorgegeben auf die geordnete Darstellung der einzelnen Befehle des Systems geachtet.

Dieses Assignment war nebenberuflich in 8 Wochen kaum zu bewältigen, da die Aufgabenstellung zwei Kerngebiete beinhaltet, welche sehr viel Einarbeitungszeit benötigen. Abschließend sei noch hinzugefügt, dass die Vorgabe von 10 - 12 Seiten auch sehr schwierig umzusetzen war, so dass die Aufgabenstellungen nur kompakt innerhalb des vorgegebenen Rahmens umgesetzt wurden.

Literaturverzeichnis

Bachmann, W.; 1992; Vieweg; Signalanalyse - Grundlagen und mathematische Verfahren; S. 30

Girod B., Rabenstein R. , Stenger A.; 2003; Teubner;
Einführung in die Systemtheorie - Signale und Systeme in der Elektrotechnik und Informationstechnik; 2. Auflage; S. 187 ff.

Goebbels, S./ Ritter, S.; 2013; Springer Spektrum; Mathematik verstehen und anwenden; Auflage 2; S. 701

Knorrenschild, M.; 2014; Hanser; Mathematik für Ingenieure 2 - Angewandte Analyse im Bachelorstudium, S.187, ff.

Pfeiffer J., Daham - Dalmedico A.; 1994; Springer Basel AG; Wege und Irrwege - Eine Geschichte der Mathematik; S. 250

Pietzrruszka, W. D.; 2014; Springer; MATLAB und Simulink in der Ingenierpraxis; 4. Auflage; S. 1

The Mathworks; Stand 10.11.2017; MATLAB Homepage; Im Internet: https:// ch.mathworks.com/de/products/matlab.html?s_tid=hp_products_matlab

Thuselt, F./ Gennrich F.; 2013; Springer Spektrum; Praktische Mathematik mit MATLAB, Scilab, und Octave; S. 294, ff.

Walz, G.; (Hrsg.); 2016, Springer Speltrum; Lexikon der Mathematik - Band 4 S. 89